JN411113

공무원

강성철 시집

문학의전당 시인선
0334

공무원

강성철 시집

문학의전당

시인의 말

숨겨놓았던 시를 세상에 내보내려 하니
부끄러움과 설렘이 교차한다.

30년 공무원 생활 동안 수많은 일들이 있었다.
견책 징계에도 벌벌 떠는 공직사회에서
공무원노조 총파업 참여로
3년 동안 해직이라는 힘든 시절을 보내야 했다.

생활은 쉽지 않았다.
그래서 삶에 관한 시를 써보고 싶었다.
막상 시를 쓰니 1년에 몇 편 완성하기도 힘들었다.
아내는 졸작이라고 농담을 했지만
언제나 내 편이 되어 격려를 해주었다.
덕분에 이렇게 한 권의 책으로 묶게 되었다.

한 사람이라도 이 시집을 읽고
위안을 받으며 힘이 되었으면 좋겠다.

2020년 12월
강성철

차례

제2부

제3부

제4부

제1부

빛나는 저 자리

찬란하게 빛나는 저 자리
누가 앉고 싶지 않겠나
쉬지 않고 일하는 황소도
가시를 숨긴 장미의 아부도
다 저 자리에 앉고 싶어서 아니겠는가

어두운 밤에도
누군들 빛나는 자리에 앉고 싶지 않겠나
지느러미가 찢어질 듯
폭포를 거슬러 오르는 연어도
달빛 아래 울부짖는 여우도
다 저 자리에 앉고 싶어서 아니겠는가

저기에 앉아 세상을 바라보면
얼마나 아름답겠나
오늘도 저 자리 하나 때문에 웃고 우는 세상
누구의 자리일지 모르는 저 자리가
오늘따라 더 빛난다

여우 생존기

두 얼굴을 가져야만
여우가 될 수 있다는 말은
우리 사이에서만 비밀일까

이른 아침
살랑거리는 꼬리를 옷 속에 숨기고
미소 가득한 표정을 지은 채

언제나 나는 너의 편이야
부드럽게 속삭이는 말
내가 책임질 테니 걱정 마!
불안했던 사무실에 훈풍이 불었다

출근하자마자 커피를 타고
신선한 과일과 각종 비타민까지
온 마음을 다했건만

두 번째 승진마저 누락이 되고

가슴은 한없이 무너져 내렸다

오늘도 마주친다
미사여구로 꾸며진 꼬리를
살랑살랑 흔드는 사람

여우는 지금도
우리 곁에 살아있다

전령사

일월이면 어김없이
청사에 날아오는 기러기

부리에 물고 온
연둣빛 소식을
곳곳에 내려놓는다

A팀장이 과장으로
B과장이 국장으로
승진한다는 꽃봉오리 소문들

복도로 화장실로 따라와
내 어깨 위에 앉아서는
속삭이듯 끼룩끼룩

축축한 부리가
사무실 주변을 기웃거릴 때
직원들 삼삼오오 모여든다

복도통신이 전파될 때
나도 끼어 있었으면

체면

시민체육관 헬스장
나이보다 무거운 레그프레스 들고
울룩불룩 王을 배에 새기면서
은근히 과시하며 자랑한다

러닝머신 위에서 달리는 사람들은
몸매가 드러나는 여자의 곡선에
눈이 돌아가기도 하는데

어디선가 들리는 넋두리
어떻게 경비를 하나
국회에서 국장까지 했는데
옛날 같으면 시장과 동급인데

아들 사업 밀어준다고 퇴직금 날리고
한 푼이라도 벌어보려고 일자리를 구해도
나이 많아서 들어갈 수가 없으니

남의 일 같지 않아
자존심이 무너지고
주름살도 더 구겨진다

시민체육관 헬스장에 가면
몸은 건강해져도
마음은 가난해질 뿐이다

두 개의 산

낮잠에서 깨어보니
양지와 음지가
서로 뒤바뀌었다

술과 음식과 쾌락이
그늘진 산에 가득했다
꽃은 향기를 뿜내고
벌들은 뽕을 빨며
어지럽게 날아다녔다

양지에는 꽃이 지고
연기를 마신 벌들은
정신이 몽롱해졌다

양지와 음지는
서로 만나 타협하고
꽃과 벌들은 곁에서
장단을 맞췄다

음지가 나눠주는
꽃술과 뽕으로
배를 가득 채웠다
연기는 조금씩 빠져나갔다

다음날 새벽잠을 깨자
음지와 양지가
뒤바뀌어 있었다

공무원

누구라도 한번
지축을 흔들고 싶지 않겠는가

저온과 고온의 차이가 심한
해수와 육지 사이에서
한 번의 날갯짓으로
태풍을 만드는 나비

삼십 년이란 세월 동안
한 평 남짓한 자리에서
날갯짓 한번
제대로 못하고 살아온 나

바람이 불면 그 바람에 실려
안개 속을 헤매다
쏟아지는 비를 맞을지라도
쾌적한 자리를 찾아다녔는데

이제 온종일 누군가의
그늘을 걷어내는 꿈을 꾸며
부드러운 날개를 몰래 펼쳤다가
가만히 접어보네

권불십년

찬란한 영광이 가득했던 거리
형형색색 불빛 아래를
배회하고 있는 한 사람

화려했던 꽃과 열매도
그 뒤에 숨겨진 수많은 배경도
바람처럼 사라져버렸다

쓰디쓴 술 한 잔 입에 대자
눈가에 이슬이 맺혔고
마음속에서 이리저리 날뛰던 말들은
꼬리를 내린 채
입 밖으로 나오지 못했다

영원할 것 같았던 자리
날개 꺾여 추락하고
몰아치는 비바람에 온몸이 젖어
비상할 수 없는 날이 온 것이다

십 년은

참 빠르다

착각

쓸쓸한 기분 속에
다시 시작되는 하루

별이 창창하게 뜬 날도
빗방울 후드득 떨어지는 날도
술과 친구가 그리웠다

잔을 부딪칠 때마다
진실이 샘솟고
오가는 정은
술잔에서 무르익었다

우리의 관계는
그렇게 술로 통했다

비틀거린 하루하루
휘청거리며 보내버린
수많은 저녁이

쌓여가는 날들

착각은 기억 속에
언제나 살아있다

기웃거리다

뉴욕빌딩 눈부신 연회장에
부모형제 모두 초대해
생일 파티를 열고

시드니 해변 요트에서
사랑하는 여인과 단둘이
칵테일을 마시고

세스나 경비행기로
푸르게 끝없이 펼쳐져 있는
남태평양 팔라우 섬 위를
새처럼 가볍게 날아다니고

람보르기니 자동차로
독일 아우토반을
독수리처럼 질주하는
꿈같은 상상

기적이 일어날까
눈앞에 숫자가 아른거린다

공이 굴러 나올 때마다
무너지는 건물
물거품처럼 사라지는 요트

다시는 사지 않겠다고
주먹을 불끈 쥐고 다짐하지만
오늘도 로또 판매점을
기웃거리며 눈치를 본다

폭탄주

맑은 이슬에
온유한 빛을 더하면
황금의 고운 빛깔

미움보다는 그리움으로
차가운 가슴보다는 뜨거운 마음으로
함께 잔을 부딪치는
소백산맥 회오리

상사에 대한 독설이 난무하고
만년 과장의 설움이
복받쳐 오른다

입가에 젖은 술잔은
파도에 가라앉고
색색이 부서지는 물방울에
솟아오르는 회한

내일 아침이면
펴즐게임이 힘들겠지만
오늘밤도 너를 마셔
바다를 만들리라

장미의 미소

부동산에 눈이 밝은
십년지기 지인에게
장미 넝쿨 어우러진 정원이 있는
근사한 저택 구입을 위임했다

집을 보는 안목이 좋아
신뢰할 만한 사람이었다

집이 결정되었다는 소식에
계약서에 사인을 먼저 하고
즐거운 마음으로
그 집 앞에 도착했는데

느낌이 이상해
주변을 탐문해 보았다
들어가는 입구가 좁았고
알고 보니 남의 땅이었다

계약을 취소하고
계약금을 돌려받고 싶었지만
사실상 불가능해서
권한을 위임한 대가는 가혹했다

반 아니 삼분의 일이라도
돌려받기 위해 법정에 섰으나
그는 나오지 않았다

판결은 간결했다
장미의 아름다움에 가끔은
하느님도 사기를 당한다고

사람이기에

숨길 수도 없고 아프다고 말할 수도 없어
상처받기 마련입니다

감정과 이성 사이에서 갈등하면서
때론 분노가 폭발하여 참을 수도 없습니다
가슴 조여올 때도 있지만
가쁜 숨을 쉬며 정신을 차리기도 했습니다

좀 더 나은 세상을 만들어 보겠다는
집념 하나로 거리에 나선 적도 있었습니다
최루탄과 물대포를 맞으며 투쟁했지만
해직이 되어 더 짓눌리기만 했습니다

실낱같은 희망을 붙잡고 살았지만
차가운 방의 가난한 살림살이를 벗어나지 못해
동료 하나 찾아오지 않았습니다

그러나 꽃 한 송이에 가슴이 열리고

말 한마디에 마음이 녹아내렸습니다
이 모든 것이 사람이기 때문입니다

마라톤

아침마다 시작되는 마라톤 경기
5km쯤 달리다 체력이 바닥나
걷기 시작한다

얼마 지나지 않아
멀리서 따라오던 몇 명이
내 앞을 지나간다

나보다 더 많은 메달을
목에 건 사람들

그때 큰 소리가 들린다
내 뒤로 5m 이상 떨어진 직원은
내가 사장으로 있는 동안
승진은 없다

지친 몸을 일으켜 헉헉거리며
목표를 향해 다시 뛰어간다

죽을힘을 다해 통과한 다음날
온몸이 비명을 질러대도
다시 마라톤 경주를 한다

다음날도 또 다음날도
목표지점을 향해
달리고 또 달리는 인생이다

민낯

여성으로 임원까지 지내다가 정년퇴임한 그녀
자문이라는 명목 아래 재입사하여
아랫사람들을 피곤하게 했다
꾸미는 여성보다
꿈꾸는 여자가 아름답다고 강연하던 커리어우먼은
최초라는 단어를 좋아했다
밤새 술을 마셔도 드러나지 않는 민낯
화장으로 얼굴을 치장하고
속내를 꼭꼭 숨겼다
집으로 돌아와 한 겹 한 겹 벗길 때마다
주근깨와 검버섯과 검은 반점이 드러났다
기능성 속옷까지 벗고 보니
숨겨진 축 처진 뱃살과 엉덩이
꿀맛보다 더 좋은 젊음도
때가 지나면 허무하게 변하는 것이다
민낯으로 침대에 누워 잠을 자면
내일 아침 다시 옷을 입고 꾸며야 한다

제2부

약사가 되어간다

서류 뭉치 가득 담아
들고 다니던 가방

약봉지 하나가
봉투 하나를 밀어내더니

조금씩 조금씩
밀어내기가 이어지면서
가방을 점령해간다

점점 늘어나는
약봉지와 약통들

가방은 이제 약국이 되었고
나는 약사가 되어간다

잔소리에 취하다

술에 취해
현관에 들어서면
아내의 잔소리

취했니?

눈치를 보며
안방에 들어서니

매일 술만 마시고 사니?

장롱을 열고
옷을 벗을 때도

애들 보기 창피하지 않아?

깨끗하게
씻고 왔는데도

술 냄새가 아직도 나네?
안방에 들어오지 마!

술은 깨는데
잔소리에 다시 취한다

하나가 되어야 하는 이유

깨닫는 데 많은 시간이 필요했습니다
갈등이 깊어지면
깊은 상처로 남는다는 것을

한 침대에서 잠을 자는데도
화성과 금성의 이방인처럼
그렇게 밤을 보냈습니다

생활은 호수처럼 평화스러워
주변 사람들의 부러움을 샀지만
아무에게도 보이지 않는
수심 깊은 곳에는
숨기고 싶은 갈등이 일었습니다

강처럼 고요하게 흘러가야지
바다처럼 다 받아줘야지
그러나 서로의 기대를
채워주지 못한 채 각자 흘러가는 부부

사랑은 두 배의 행복이 되고
미움은 열 배의 불행이 된다는
그 사실을 알아갈 즈음
아이들이 부부를 번갈아 쳐다봅니다

아이들 표정을 이해하는 데
많은 시간이 필요하지 않았습니다

봉급생활자는 봉이야

세무조사관이
사무실을 밀고 들어왔다

상금과 격려금
각종 수당 자료 5년 치
현금 자료를 내놓으라고

전산화되어 없다고 해도
막무가내로 뒤진다

세금을 추징당한 월급쟁이들은
생활이 힘들다
차 떼고 포 떼고 남는 돈은
몇 푼 안 된다

쪼개고 쪼개
카드 대금 결재하면
다시 쪼들리는 생활비

큰애 대학 등록금에
작은아이 학원비도 벅차
저축은 꿈도 못 꾸는데

몇 년 전에도
가산금까지 추징당해
허리띠를 졸라맸는데

올해는 또 얼마나 빼앗길까

물 위에 서다

시커먼 진흙 속에서도
굵은 뿌리가 썩지 않아
하얗게 피어나는 꽃

찢어지게 가난한 집
칠 남매 맏아들

자기밖에 모르는 아버지는 집 나가고
눈물 많은 어머니는 건물 청소

초등학교 졸업하고
공장에서 일했으나

처지를 비관하며
한탄의 세월을 보냈다면
어찌 아름다운 꽃을 피울 수 있었을까

낮에는 일하고

저녁에는 공부하며
코피를 하얀 꽃으로 피웠다

세월이 지나갈수록
더욱 아끼는 꽃

연못 속에서
하얗게 피어난 꽃이
더 이쁘다

해고 통보

해고라는 단어가 파도처럼 덮쳤다

뜨거운 피가 끓던 젊은 날은
썰물과 함께 사라졌다

어디서부터 잘못되었을까
온몸이 밀물 속에 빠져 들어갈 때
눈물은 아내를 적셨다

먼발치에서 비아냥거리는 소리는
갈매기 울음을 따라
비린내처럼 날아왔다

친구들은 하나둘 떠나고
저물어 가는 바다는 해를 삼켰다

항해를 멈춘 뱃머리는
검은 얼룩이 끝없이 출렁거렸다

마음 깊은 곳
뜨거운 감정이 치솟았다

다스리기 힘들어
오래 흔들려야 했다

꿈은 져도 좋다

인사국장 전화는
나를 설레게 만들어
꽃을 피울 거라는
기대감을 가득하게 했다

한 번도 가보지 못한 미지의 세계
한번쯤 근무하고 싶었던 곳

인사국장을 만나
카페에서 커피를 마셨는데
내 생각이 부서지고 말았다

상한 음식 토하듯
갈등이 쏟아지기 시작했다

어제 마신 소주까지 가세해
갈증은 분노를 타고
머리끝까지 올라

터져버릴 것만 같았다

꿈은 져도 좋다
누군가 나를 지켜보고 있다는
그 사실만으로도 충분하다

집으로 돌아가는 길에
아내에게 거는 안부 전화

아내를 설레게 하고
내 마음을 두근대게 한다

콩국수

어머니는 위암 말기
병원을 집처럼 드나드셨습니다

아흔까지는 사셔야 한다는 자식들 말에
마지못해 수술에 동의했지만
집에만 가고 싶어 했습니다

수술 하루 앞둔 날
수술을 받지 않겠다고 한사코 떼를 써서
시골에 있는 맏아들 집으로 가셨습니다

밤새도록 들리는 소리
어디선가 맷돌 돌리는 소리
콩국수를 만든다고
쉴 새 없이 콩을 갈았습니다

잠도 안 주무시고 뭐하세요?
화를 내는 자식 말에도

말없이 어처구니만 돌리던 어머니는

편안한 모습으로 눈을 감으셨고
매년 여름 콩국수만 보면
맷돌 앞의 어머니가 떠오릅니다

어머니 밥상

언제나 시간에 쫓겨
아쉬움만 가득 남겨두고 오는 고향

보고 싶은 막내아들이 왔다고
대문 밖까지 뛰어나와
따뜻하게 안아주는 어머니

하룻밤 더 자고
내일 새벽 일찍 올라가라고 하시는데
넉넉지 못한 살림살이 때문에
어머니 말씀대로 할 수가 없다

찹쌀 참기름 과일 묵나물을
바리바리 챙겨 주시면서도
못내 아쉬워하는 어머니

가는 길에 아들이 배고플까 봐
정성껏 차린 된장국과 따뜻한 밥

직장생활이 힘들어
마음이 무거워지는 퇴근길에는
어머니 밥상이 더욱 그립다

소나무

천 길 낭떠러지 벼랑에
뿌리박고 사는 소나무

푸르고 보기 드물다 하여
자식이 그렇게 살기를 바라는
부모가 어디 있으랴

비바람에 젖은 소나무
연둣빛 솔잎에 맺혀 있는
빗방울이 영롱하다고
자식이 그렇게 살기를 바라는
부모가 어디 있으랴

평지 안전한 곳에 뿌리를 내리고
해맑은 모습으로 서로 어울리며
편안하게 살기를 바라는
이 세상 모든 부모의 마음

심장을 주어서라도
천 길 낭떠러지에서 벗어나기를
간절히 바라는 부모의 눈은
자식만 바라보고 있다

비둘기 할머니

시민공원에 비둘기 배설물이 많아
비둘기를 다른 곳으로 이전해 달라는 민원이
꼬리에 꼬리를 물었다

샛강 둔치에 새 거주지를 마련하고
이사하던 날
할머니 어깨 위에
비둘기 한 마리가 앉았고
수많은 비둘기가 할머니를 따라갔다

거리는 비둘기 떼로 가득했고
하늘 높이 날거나
땅에서 모이를 주워 먹으면서
할머니 뒤를 따라갔다

새롭게 마련된 보금자리에 도착해서
한 마리 한 마리
가족과 함께

자기 집에 입주했다

해가 서녘에 닿을 무렵
늙은 비둘기 한 마리가
붉은 노을 속으로 날아가 둥지를 틀었다

오이냉국

딱딱하고 오독오독한
미역을 물에 담그면
살살 부풀어 오른다

가지는 쪄서
가늘게 찢어
잘게 썰고

오이지도 어슷어슷
먹음직스럽게 썰어놓는다

냉장고에 넣어둔 국물을 꺼내
미리 준비한 것들 위에 붓고

송송 썰어놓은 고추와
깨와 얼음을 동동 띄워
한입 가득 맛보면

새벽녘 깊은 계곡에서
차갑게 흘러 내려오는 물처럼
뼛속까지 시려온다

무더위를 식혀주는
감칠맛 나는 오이냉국

여름날 지칠 때마다
그대 생각하면
마음이 시원해진다

설거지

미소가 밝은 가족을 만들기 위해
설거지라는 의식을 행한다

경건한 마음으로
식탁 위 그릇을 옮겨
음식 찌꺼기를 걷어내고
세제 묻은 수세미로 닦는
수행이 시작된다

입시를 준비하는 딸이
갈증이 날 때마다 사용하는 컵
종일 직장에서 일하느라
피곤함이 말라붙어 있는 아내의 접시들
껌딱지처럼 달라붙어 귀찮게 하는
개구쟁이 막내의 간식 그릇까지

깨끗하게 잘 마른 수건으로
물기를 제거한 후

싱크대에 차곡차곡

따뜻한 커피를 마시며
묵은 감정까지 닦아내면
마음이 편안해지는 저녁

설거지가 잘되어
웃음이 환하게 빛난다

까치집

집주인 말 한마디가
심장을 타들어 가게 한다

먹구름 가득한 하늘을 배경으로
나무 위에 지어놓은 까치집 한 채
저 집은 전세일까 월세일까

나뭇가지를 입에 물고
다닥다닥 정교하게 고정시켜
집을 튼튼하게 꾸미는 까치 부부

인심 좋은 나무는
전셋값을 올리지 않는다

고지서도 날아오지 않고
은행 대출도 필요 없는 까치집
크기는 작아도
사람의 집보다 아늑하다

제3부

첫사랑

진홍빛 꽃물이
입술에 스며들어
꽃잎처럼 남아 있다

해마다 봄이 오면
첫사랑에 우는 꽃들이
붉게 피어난다

목련

나무 아래 앉아 있는
당신 머리 위로
하얀 꽃잎 내려앉네

매서운 겨울바람에도
모진 추위에도
어린 꽃눈은 세상을 향하고 있었네

온몸이 눈에 덮여
오들오들 떨고 있던 때에도
사랑을 끝까지 붙잡았던 너

하얀 원피스 입고 손을 흔들 때
가슴이 황홀해 무너질 것 같았네

너를 만나고 헤어진 날이면
어김없이 꿈속까지 따라왔네
함께 밤하늘을 바라보며

홍얼홍얼 달콤한 노래를 부르며
서로의 귓가에 속삭였네

따뜻한 입김이 우리를 감싸는 밤
어둠 속에서 빛나는 목련이
영원을 날아가네

벚꽃

우리의 짧은 만남 영원하길
바람 부는 강변에 서서
눈물로 기도합니다

얼마 후면 저버릴 꽃잎들
일 년에 한 번씩
봄의 하늘을 연다고 하지만
백 년도 되지 않는 삶

사월이 씌워준 면사포에
살며시 가려진 볼이
발그레 물들어 화사하게 빛납니다

봄날 같은 우리의 동행
더디 가라고
더디 가라고
영원의 꽃술을 허공에 날립니다

당신을 만나며 가졌던 설렘
가슴 조이던 두근거림
하얀 발자국으로 남아
우리를 기념할 것입니다

수국

너를 처음 만났을 때
가느다란 허리에 두터운 입술
짙은 녹색 치마는
내 마음을 흔들어놓기에 충분했지

진한 화장을 하고
새로운 스타일의 옷을 입고 오는 날엔
나를 더욱 유혹하는 표정과 몸짓
네 얼굴은 에메랄드처럼 빛났어

변덕스런 성깔과 사치스런 너였지만
아무래도 좋아서
술을 마시지 않으면
마음을 억누르기 힘들었지

어쩌면 너는 내 뜨락에 날아와
살며시 뿌리내리고
은근한 꽃을 피우기 원했는지도 몰라

잠시 떠난 해외 출장 중에도
머릿속은 온통 너 하나뿐이었는데

돌아와 보니 시들어가는 너
그 화려한 화장이 흐려지고
그 멋진 옷도 빛이 바래고
어떻게 이렇게 초라해졌는지

우리 인연 다시 이어지지 않아
돌아가는 발걸음이 무겁다

상사화

하늘이 무너지는 슬픔
사랑하는 사람을
그리워하며 산다

그 사람이 옆에 있어도
함께 바라볼 수 없다
가슴 한쪽이 아련해지는 아픔

감당하기 힘들어도
서로 만나
따뜻한 두 손 꼭 잡을 수 있다면

다음 생에라도 그리운 마음을 섞어
함께 꽃 피울 수 있다면
얼마나 황홀할까

사랑하는 사람을
사모하며 지낸다

마음 한구석이 한없이 애잔해진다
가슴이 오래 저며 오는 아픔

사랑하는 사람을 곁에 두고도
같은 길을
걸어갈 수 없다

저녁노을

햇빛이 비춰
벌겋게 물들어 갈 때
사랑이 싹텄고

고개 들어 바라보면
꽃봉오리가 생겼다

마음 깊이
노을이 들어오는 순간
활짝 피는 꽃

온 세상을
빨갛게 물들였다

매미

이렇게 뜨겁게 우는 것은
사랑을 찾기 위해서다

이렇게 목이 터져라 우는 것은
그리운 님을 찾기 위해서다

어둠 속 인고의 세월 지나
단 한 번의 짧은 사랑

온 생의 울음을 쏟아붓고
허물만 남겨놓은 것이다

은행나무 사랑

멀리 떨어져 있어도
당신이 어디에 있는지 압니다
한 발자국도 다가갈 수 없지만
당신의 향기를 느낍니다

남들은 당신의 냄새를 싫어하지만
나에게는 더할 나위 없는
소중한 마음의 향기입니다

바람 불어 흔들리는 날이면
당신에게 편지를 띄웁니다
바람에 실려 날아간 편지는
빛이 바래 사라질 때까지
우리 사랑 변함없음을 들려줄 것입니다

사랑의 하트처럼 갈라진
은행잎 편지를 읽는 가슴이
노랗게 물듭니다

서로 가까이 있지 않아도
보고 싶은 마음
당신은 언제나 내 곁에 있습니다
당신을 안을 수는 없지만
내 가슴에 당신이 있기 때문에

들국화

억세고 고집 세다는 소리를 듣는다

보잘것없다고
무시하고 함부로 말한다

함께 꽃을 피웠던 친구들
정다웠던 어깨동무 풀기도 전에
그 벌판에 몰려오기 시작한 억새들

어깨를 짚고 흔드는데
마음이 무거워
견디기가 힘들다

목이 마르면 마른 대로
꽃이 지면 지는 대로
참으며 살아야 한다

힘들면 바람을 탓하며 버텨야 한다

한 뼘 한 뼘 땅을 넓히고
뿌리내리면 그만

억세고 고집스러운 것은
거친 들판에서 살아남기 위한
그들만의 방식

들국화 향이 바람을 타는 날
뿌리도 맑아지고 유순해진다

이별을 경험하는 계절

연두에서 초록까지
한 뼘 한 뼘 키웠던 잎사귀들
뜨거운 태양을 가리기 위해
푸른 차양을 만들어주었던
초록 잎사귀들이 붉게 물든다

그 많은 잎사귀들 없이는
하루도 살 수 없다고 날마다 고백했지만
이별해야 하는 날들이
이렇게 찾아온 것이다

꽃이 떨어지는 날이 있는 것처럼
나뭇잎도 단풍으로 물드는 날이 있는 것이다

무더운 여름을 나기 위해
꽃을 버리는 것처럼
추운 겨울을 나기 위해
단풍잎을 버리는 나무

슬픔이 가을을 품고 있음을 알기까지
눈물에도 온기가 있음을 알기까지
무수한 이별을 경험하는 계절

이별하기 위해 태어나고
태어나기 위해 이별한다

저물어 간다

평온했던 내 가슴에
저물어 가는 물 한 방울 떨어집니다

물줄기가 생겼다 사라지면서
바람이 불고
큰 파장이 일어
나는 뿌리째 흔들립니다

푸르던 잎은 붉게 물들고
물방울의 날은 저물어 갑니다

까맣게 잊고 있었습니다
단풍나무는 비움을 통해
소중한 숲을 사랑한 것을요

떨어지는 한 방울 한 방울
사랑하는 사람들의 얼굴이
또렷하게 맺힙니다

또 다른 계절 속으로 들어가기 위해
남아 있는 물방울들을
전부 다 비웁니다

내가 저물어 가는 날
비웠다가 다시 채웁니다

번 아웃

가을 속의 그는 국화 화분 같았다
얼굴에 노란 분을 칠한

만져도 보고 냄새도 맡고
사진도 찍고 볼을 비비기도 했다

하늘이 붉은 어느 날
그는 한창 노래지고 있었다
낙엽처럼 바싹 마른 사람의 발에
사정없이 채여 넘어지면서

가지고 있는 것을
와르르 쏟아버렸다
이유도 모른 채 흠씬 두들겨 맞아
분칠한 얼굴이 일그러졌고
뼈가 부러졌다

으슥한 담장 아래

지나가던 노을을 붙잡고
울며 하소연했으나

그는 보이지 않았다
아무도 찾지 않았다

길

새로운 길을 찾아
혼자 떠날 때는
길은 번번이 엉켜 되돌아오거나
막다른 곳에 다다르고
간혹 낭떠러지 앞에 데려다 놓기도 했다

둘이서 외길을 지날 때는
함께 손을 잡고 갔지만
두 번은 가고 싶지 않았다

새로운 길을 개척했다는 친구는
긍지와 자부심으로 성공의 길을 걸었지만
어떤 사람들은
부러움과 시기심으로 바라보기도 했다

어디로 가야 할지 몰라
헤매던 날에는
막막해서 울기도 했고

괴로워서 숨기도 했다

혼자, 둘이, 여럿이
같은 방향을 바라볼 때
길은 언제나 앞에 있고
우리는 그 길을 걸어가야 한다

모과

사랑이 떠날까 걱정하지 마라

잎 지고 서리 내린다고
주름이 가득하다고
감정마저 마르지는 않았으니

가진 것 없다고 슬퍼하지 마라

겨울에도 사랑은 찾아오나니
잃을 것 하나 없는 빈 가지에
무수한 별들이 내려와
잠들지 않겠느냐

제4부

이상기후

개나리 진달래 목련 벚꽃이
차례차례 피어야 하는데
한꺼번에 활짝 피었다

모두 이상기후 탓이라고 말하면서
폰으로 연신 사진을 찍는다

꽃들은 사람들이 이상하게 보인다
봄이 좋아서
모두 함께 소풍을 나왔는데

항아리

돌담길 옆 장독대에서
그를 정답게 만났다
인사를 하자 환하게 웃어주었다

한복 입은 여인이 다가가
머리를 쓰다듬어 보기도 하고
먼지를 털어주기도 했다

어린아이같이 해맑아 보였고
오래 기다렸던 사람을
반갑게 만난 것 같았다

여인은 손을 넣어
그 속을 확인해 보았고
필요할 때마다
속에 있는 것을 퍼가기도 했다

그래도 마음이 넉넉해

그는 늘 배가 부르기만 했다

장독대를 지키면서
아낌없이 주는 감나무처럼
속에 있는 것을 다 내주기만 했다

여린 마음

투명하여 속이 다 보일 뿐만 아니라
무엇을 채우는가에 따라
다양한 색깔로 변하는 유리컵

속이 비어 있는 여린 마음은
조금만 열을 받아도 금이 가고
서운한 말 한마디에도 무너져 내립니다

바닥에 떨어지기라도 하는 날이면
날카로운 흉기가 되어
주위 사람들에게 상처를 주기도 합니다

속이 환하게 보이기 때문에
가까이 다가갈 수 없어
사랑은 상상도 하지 못합니다

언젠가는 소중한 사람이 다가와
미소 가득한 얼굴로 손을 잡고

입을 따뜻하게 맞춰 준다면
투명함은 순수함으로 바뀔 것입니다

누군가를 만나야 하고
누군가에게 붙잡혀야 하는 유리컵
오늘도 그대를 그리워하며 살아갑니다

경주

어떤 사람은 활주로를 날아오르고
어떤 사람은 승용차로 질주하고
어떤 사람은 오토바이를 타고 달린다

마을과 마을 사이로 무수히 휘어진 길

많은 짐을 실은 트럭이
이 골목 저 골목 돌아다닌다

가끔은 비행기가 불시착하고
가끔은 손수레가 미끄러진다

세상에 태어난 사람들 모두 가야 하는 길

마지막 계절에 들어서면
끝을 알 수 없는 결승점이 펼쳐진다

상처를 어루만지다

링거 줄에 매달려 있는 그녀
올무에 걸려 고통스러워 몸부림치는 노루처럼
통증을 참으려고 애를 쓰는데도
진통제조차 도움이 되지 않는다
얼굴이 빨간 풍선처럼 부어오르면
몸이 새끼줄처럼 꼬여 손은 머리를 움켜잡고
바닥을 쥐어박으며 끙끙거린다
참기 힘든 날이면 눈물을 쏟아낸다
하루도 잔잔한 날이 없다
세상은 그녀를 가만두지 않아
직장에서 억울하게 해고당하던 날
남은 삶은 처절한 투쟁뿐이었다
젖먹이를 안고 세 살배기를 등에 업은
고단한 생활에 거친 풍랑이 몰아쳤다
힘든 날들을 참아낸 아픔이
덥석 그녀를 끌어안고 놓아주지 않을 때
가만히 상처를 어루만지며 다독여주는 그녀
눈물이 유일한 진통제였다

운명

창문에 햇살이 쏟아지듯
운명의 선율이 가슴을 두드린다
다급한 8분음표와 16분음표들이
엉덩이를 들썩이게 한다

바이올린, 플루트, 금관악기들이
청중 사이를 날아다니고
팀파니, 심벌즈는
연미복을 입은 지휘자의
긴 머리카락을 휘날리게 한다

깊은 감동을 받은 관객들이
박수 칠 준비를 할 때
서서히 안개가 밀려오듯
피날레가 흐른다

더블베이스가 저음을 연주하며
손가락으로 줄을 튕기면

창문에 녹는 달빛이
조용히 사라지는 밤

그렇게 운명이 끝난다

첫사랑 그녀

자전거와 열애 중인 여자가
시를 배우러 왔다

수업 첫날
자전거가 첫사랑이라고 했다

왠지 낯설었지만
우리 아파트 앞 동에 산다는 말에
관심이 끌렸다

사람을 사랑해본 적 없다는 여자는
퀭한 눈에
허공을 담고 있었다

얼마 지나지 않아
부음 문자를 받았다

첫사랑 그녀를

잊지 못하는 자전거는
어디로 갔을까

앞 동 베란다에 보였던
자전거의 안부가 궁금하다

미니는 나의 애인

샤워기로 몸을 씻겨준다
비누 거품을 일으켜
온몸의 때를 벗겨낸다

거품은 살결을 타고 미끄러진다

허리를 닦을 때
내 마음은 두근거리고
두 손은 여리게 떨린다

엉덩이를 살며시 매만질 땐
심장이 쿵쾅거린다

긴장한 몸을
매끄러운 손으로 끌어안아
부드럽게 풀어준다

왁스를 발라

메이크업을 해주면
반짝반짝 한층 돋보인다

미니는 나의 애인
곁에 두면 더 빛나는

명절 주차 단속

귀성길 혼잡을 막기 위해
KTX역 근처에 임시 주차와 갓길 주차를 허용했다
이른 아침부터 역 주변은 혼잡했다
동편에서 서편, 서편에서 동편으로
정오가 가까워지자 거대한 자동차 섬으로 변해갔다
빨간 람보르기니 자동차를 운전하는 여자가
여기저기 기웃거리며 돌기 시작했다
건장한 남성들이 모는 차가 꼬리를 물었다
여자가 앙탈을 부리면 도로는 아수라장이 될 판이었다
다행히 아침 일찍부터 오던 진눈깨비는 멈췄다
주차 요원들은 머리카락 휘날리며 동서남북을 통제하고
단속원들은 불법 차량에 딱지를 붙였다
명절마다 신기루처럼 생기는 자동차 섬
고향에 간 사람들이 돌아오기만을 기다린다

쓸쓸한 호미곶

십이월의 호미곶에서
바다를 쳐다보다
깜짝 놀랐다
외로워 보이는
손 하나
바람이 허전하게
주변을 맴돌았다
쓸쓸한 손
텅 빈 손
돌아가는 사람의 손이
보이지 않았다
바다에 손을 두고 가는
뒷모습이 외로웠다

라인큘러스

코로나는 멀쩡한 사람을
우울증 환자로 만들어버렸다

감염의 속도는 상상을 초월하여
목덜미를 잡고 이승에서 저승으로
사정없이 흔들어댔다

신을 믿는 사람들은 함께 모여
두 손 모아 기도했다

방호복을 입은 의료진에게
진단받는 모습이 언론에 보도되면서
공포가 극에 달할 무렵

마음에 안도가 깃들었다
거실과 침실에
라인큘러스가 있었기 때문이다

편안하게 숨을 쉬는 밤
활짝 핀 꽃 한 다발에
위로의 향기가 가득했다

노점 할머니

재래시장 입구
채소 파는 할머니

자기 구역을 조금이라도 더 넓히려고
바로 옆에서 장사하는 아저씨와
두 손을 걷어붙이고
소리를 지르며 싸우네

힘이 달려
나 죽네 소리치는 할머니
기다란 대파처럼 누웠네
파뿌리처럼 유난히 흰 머리가
더욱 거칠어 보이네

싸움을 구경하던 사람들도
옆에서 장사하는 사람들도
할머니를 도와줄 수 없네

한판 싸움 때문에
때를 놓쳐서 먹는 점심
찬밥에 쉰내 나는
깍두기 몇 개가 전부

늦은 저녁 채소 몇 단을
떨이로 팔고 있네

이별

저미듯
떨어져 나가
아픔으로
사그라지는

흔적

해설

기묘한 끌개와 카오스모스의 세계

이종섭 시인·문학평론가

혼돈의 시대, 혼돈의 인생

사람은 살아가면서 본성적으로 질서와 규칙을 원하고, 그 위에 예측 가능한 조화와 결정을 원한다. 그것은 태어나기 이전의 '존재하지 않음'에서 태어난 이후의 '존재함'으로 근원적 위치가 변화하는 것과 같다. 또한 태어난 이후 미래와 관련한 현재의 혼돈 그리고 현재를 바탕으로 한 미래의 혼돈과 맞물려, 사람이라면 누구나 불안하고 불규칙한 혼돈에서 확실한 규칙과 질서에 따른 조화로운 결정들이 때마다 일어나기를 원하는 것과도 같다.

그때 이런 상태를 인지하거나 인식하는 사람도 있겠지만 그

반대의 경우도 아주 많아서, 어쩌면 그런 상태 자체가 한 인생 인생들의 카오스적인 혼돈이 아닐까 싶다. 현재에 규정된 것이 없고 준비된 것이 없을지라도 미래에 대한 확실함을 획득하거나 보장받고 있다면, 그것은 표면적으로는 '없음'과 '가지고 있지 않음'으로 보일 수 있으나 내면적으로는 '있음'과 '가지고 있음'의 성질과 같기 때문이다.

그러나 현재의 혼돈은 미래의 확실로 나아가기가 어려워서 현재가 현재로 계속되는 한 혼돈은 또 다른 혼돈으로 계속 이어지기가 쉽다. 또한 그것은 혼돈이 다가오고 또 계속 다가오는 것이 아니라 혼돈 그 자체가 연속적으로 존재하는 것, 아니 아예 혼돈 그 자체 속에 들어가 있는 것이라고 하겠다. 일시적으로 또는 상당히 긴 기간 동안 혼돈에서 벗어난 상태가 있다고 할지라도 그 역시 혼돈의 또 다른 확장일 뿐 혼돈에서 벗어남은 아니다. 혼돈의 관계에서 끊어지고 혼돈의 영역에서 단절된 것처럼 보이는 질서와 결정이라는 성공을 가졌다고 할지라도 그 또한 혼돈의 원심력 밖으로 나가지 못한 상태에서 획득한 것일 뿐이다. 그러므로 혼돈 밖으로 나갔다가 다시 혼돈 안으로 들어오는 것이 아니라, 혼돈의 원심력에 의해 혼돈과 질서의 경계에 위치했다가 그 동력을 상실하게 되면 혼돈의 경계에서 혼돈의 중심으로 떨어지는 것과 같다고 하겠다.

혼돈에서 질서 찾기

근원적인 혼돈 속에서 살아가는 사람들은 그 혼돈에서 벗어나려는 작은 바람과 몸짓을 가지고 있다. 이른바 카오스 이론(Chaos theory)과 관계가 있는 '나비효과'(butterfly effect)이다. 태평양의 아주 작은 섬에서 나비가 날갯짓을 할 때 그 날갯짓이 다른 지역에서 태풍을 몰고 올 수 있다는 이론이다. 이 나비효과는 카오스 이론에 나타나는 현상 중 하나로 그 대단한 결과의 확실성보다는 예측 불가능성이나 복잡성과 불규칙성, 또는 비주기성 같은 개념들에 더 주목한다. 문학적 입장에서 본다면 미래의 성공을 예측하기 어려울 뿐만 아니라 아예 불가능한 나비 한 마리의 날갯짓 자체에 주목하는 것이 더 적합하다는 의미이다.

누구라도 한번
지축을 흔들고 싶지 않겠는가

저온과 고온의 차이가 심한
해수와 육지 사이에서
한 번의 날갯짓으로
태풍을 만드는 나비

삼십 년이란 세월 동안
한 평 남짓한 자리에서
날갯짓 한번
제대로 못하고 살아온 나

바람이 불면 그 바람에 실려
안개 속을 헤매다
쏟아지는 비를 맞을지라도
쾌적한 자리를 찾아다녔는데

이제 온종일 누군가의
그늘을 걷어내는 꿈을 꾸며
부드러운 날개를 몰래 펼쳤다가
가만히 접어보네

—「공무원」 전문

이 시집의 표제시 「공무원」에는 이와 같은 한 개인으로서의 '혼돈에서 질서 찾기'가 정서적 중심축을 형성하고 있고, 동시에 나비효과에 등장하는 나비 한 마리의 날갯짓이 빚어내고 규정하는 '혼돈의 감정 정돈하기'라는 진폭이 또 하나의 울림을 형성하고 있다.

사람이라면 보통 꿈을 가지게 되고 그 꿈은 현실 속에서 유

형무형의 어떤 것을 소유하고 이루는 것으로 나타난다. 그러나 강성철은 그 꿈과는 근본적으로 다른 "누구라도 한번/지축을 흔들고 싶지 않겠는가"라는 아주 묵직한 심정을 토해낸다. 이것은 꿈이라고 말하기는 어려운 성질의 것이어서 보다 근원적인 입장으로 접근해야 강성철의 서정을 풀어나가면서 규명할 수가 있다.

결정론적 혼돈

그것은 앞서 말한 대로 혼돈 속에서 확실한 그 무엇을 이루거나 해결하고자 하는 어떤 결정론적인 법칙과도 같은 것이다. 이것을 확실하게 드러내면서 강조하기 위해 '결정론적 혼돈'(deterministic chaos)이라고 부르기도 하는데, 이런 입장에서 보면 강성철이 가지고 있는 정서의 기저에는 결정론적 혼돈이 짙게 드리워져 있다고 해도 과언이 아니다.

"저온과 고온의 차이가 심한/해수와 육지 사이에서/한 번의 날갯짓으로/태풍을 만드는 나비"라면 결정론적 혼돈은 선택도 우연도 아닌 필수요, 필연이다. 그 환경은 "저온과 고온의 차이가 심한" 곳이며, "해수와 육지 사이"이며, 게다가 "한 번의 날갯짓"을 통해 "태풍을 만"들기 원하는 상황이기도 하다. 이것이 과연 가능한 일인가를 넘어서 이미 "만드는 나비"

라는 완료 서술을 통해서 결정을 했고, 결정이 되었으나 여전히 이루어지지 않은 가상의 결정이었으므로, 결국 결정론적 혼돈에 도달했다고 할 수밖에 없다. 그 위치가 바로 "삼십 년이란 세월 동안/한 평 남짓한 자리에서/날갯짓 한번/제대로 못하고 살아온 나" 자신이었기 때문이다.

혼돈에서 벗어나기 위해, 그리고 혼돈에서 벗어나 무엇을 결정하기 위해 무던히도 애써왔던 삶이 결국에는 '나비의 날갯짓'에 불과했다는 것은, "바람이 불면 그 바람에 실려/안개 속을 헤매다/쏟아지는 비를 맞을지라도" 결코 포기하지 않고 끝까지 "쾌적한 자리를 찾아다녔"다는 서술에서 확인할 수 있다. 그래서 결국에는 제자리로 가만히 돌아와 앉아 자신을 살펴보면서, "온종일 누군가의/그늘을 걷어내는 꿈을 꾸며/부드러운 날개를 몰래 펼쳤다가" 아무것도 이루지 못한 채 "가만히 접어보"는 결말에 이르렀다. 그리고 인생의 한순간 한순간이 여전히 결정론적 혼돈의 자리에서 벗어날 수 없음을 확인해주고 있다.

기묘한 끌개

시커먼 진흙 속에서도
굵은 뿌리가 썩지 않아

하얗게 피어나는 꽃

찢어지게 가난한 집
칠 남매 맏아들

자기밖에 모르는 아버지는 집 나가고
눈물 많은 어머니는 건물 청소

초등학교 졸업하고
공장에서 일했으나

처지를 비관하며
한탄의 세월을 보냈다면
어찌 아름다운 꽃을 피울 수 있었을까

낮에는 일하고
저녁에는 공부하며
코피를 하얀 꽃으로 피웠다

세월이 지나갈수록
더욱 아끼는 꽃

연못 속에서
하얗게 피어난 꽃이
더 이쁘다

—「물 위에 서다」 전문

결정론적인 혼돈의 과정이나 법칙에는 혼돈이 운동하면서 나아가는 그 이면에 '기묘한 끌개'(strange attractor)라고 하는 특정한 원인이 내포되고 장치되어 있다. 그 원인은 어떤 특별하면서도 일정한 질서를 내재하게 하거나 드러나게 하는 것으로, 이 끌개에 끌려가거나 또는 그 끌개를 극복하거나 그 과정에서 또 다른 끌개를 우선적으로 발견하고 용인하는 것으로 작용한다.

그렇다면 결정론적 혼돈의 상태에 놓여 있는 강성철에게 기능했던 끌개는 무엇이었을까. 또한 앞으로 끌개로 관계하면서 기존의 부정적 끌개를 타파하게 만들 끌개는 무엇일까. 그것들을 변곡점이 발생하는 시기를 기준으로 해서 하나씩 살펴보자.

그것은 먼저 「물 위에 서다」에 나타난 '자신'과 '가족들', 그리고 '그들 사이에 서로 얽혀 있는 관계성'으로 발화된다. "찢어지게 가난한 집/칠 남매 맏아들"은 그 자체로 혼돈의 상황이었으나 그 당시의 입장에서 보면 결정론적 혼돈이었다. 그러나 지금의 상황에서 보면 그것은 혼돈에서 이끌어내어 끌고

가는 하나의 끌개였다. 혼돈은 더욱 지독해서 "자기밖에 모르는 아버지는 집 나가고/눈물 많은 어머니는 건물 청소"하는 혼돈의 혼돈이 중첩되고 연속되는 그런 첩첩산중 같은 혼돈이었다.

그럼에도 불구하고 그것들이 끌개 역할을 해서 "초등학교 졸업하고/공장에서 일했으"면서도 "처지를 비관하며/한탄의 세월을 보"내지 않았다. "낮에는 일하고/저녁에는 공부하며/코피를 하얀 꽃으로 피"울 수 있었던 것이다. "세월이 지나갈수록/더욱 아끼는 꽃"이 되었고, "연못 속에서/하얗게 피어난 꽃이/더 이쁘다"고 감히 말할 수 있게 된 것이다.

해고라는 단어가 파도처럼 덮쳤다

뜨거운 피가 끓던 젊은 날은
썰물과 함께 사라졌다

어디서부터 잘못되었을까
온몸이 밀물 속에 빠져 들어갈 때
눈물은 아내를 적셨다

먼발치에서 비아냥거리는 소리는
갈매기 울음을 따라

비린내처럼 날아왔다

친구들은 하나둘 떠나고
저물어 가는 바다는 해를 삼켰다

항해를 멈춘 뱃머리는
검은 얼룩이 끝없이 출렁거렸다

마음 깊은 곳
뜨거운 감정이 치솟았다

다스리기 힘들어
오래 흔들려야 했다

—「해고 통보」 전문

「물 위에 서다」가 「공무원」의 시점과 관점에서 이전의 어린 시절을 회상한 내용으로 관계하고 있다면, 「해고 통보」는 「공무원」의 진행형에서 또는 주요한 변곡점을 형성하는 시기라는 점에서 「공무원」과 일정한 거리를 유지하고 있다. 동시에 「물 위에 서다」의 세세한 내용들이 그 당시로써는 혼돈 그 자체였으나 그것이 동시에 끌개 역할을 했던 것처럼, 「해고 통보」 또한 현재의 혼돈일 수밖에 없었으나 그에 주저앉지 않음으로써 앞으로 나아가게 만드는 끌개 역할을 했다고 볼 수 있다.

우선적으로 혼돈의 상황을 들여다보자. "해고라는 단어가 파도처럼 덮쳤다"는 표현에서 혼돈은 극에 달했으며 그 혼돈이 자신을 "덮쳤다"는 것을 직감할 수 있다. "뜨거운 피가 끓던 젊은 날은/썰물과 함께 사라"져버렸다. 이 혼란스러운 상황 속에서 "어디서부터 잘못되었을까"를 생각하는데도 건잡을 수 없이 "온몸이 밀물 속에 빠져 들어"만 갔다. "눈물은 아내를 적"시고 "먼발치에서 비아냥거리는 소리는" "비린내처럼 날아"와 코를 자극했다. "친구들은 하나둘 떠나고/저물어가는 바다는 해를 삼"키며 어두워졌다. 이러한 일들 때문에 환경도 마음도 "다스리기 힘들어/오래 흔들려야 했"던 것이다. 차라리 "세금을 추징당한 월급쟁이"로 살지언정, "가산금까지 추징당해/허리띠를 졸라"(「봉급생활자는 봉이야」)매고 살아야 할지언정, 해고만은 피하는 것이 무조건 옳은 일이 아닐까 싶었던 후회가 뒤늦게 몰려왔다.

이러한 상황은 그 자체로 혼돈이겠으나 따지고 보면 그 혼돈에서 빠져나가게 하는 끌개로 존재한다. 「물 위에 서다」에서 보여준 패턴처럼 「해고 통보」 역시 같은 방식으로 '공무원'이라는 한 개인의 서사에 유기적으로 관계하며 기능한다. 이 역시 결정론적 혼돈에 따른 또 다른 결정론적 혼돈으로 나아가는 과정이다.

천 길 낭떠러지 벼랑에
뿌리박고 사는 소나무

푸르고 보기 드물다 하여
자식이 그렇게 살기를 바라는
부모가 어디 있으랴

비바람에 젖은 소나무
연둣빛 솔잎에 맺혀 있는
빗방울이 영롱하다고
자식이 그렇게 살기를 바라는
부모가 어디 있으랴

평지 안전한 곳에 뿌리를 내리고
해맑은 모습으로 서로 어울리며
편안하게 살기를 바라는
이 세상 모든 부모의 마음

심장을 주어서라도
천 길 낭떠러지에서 벗어나기를
간절히 바라는 부모의 눈은
자식만 바라보고 있다

—「소나무」 전문

「물 위에 서다」와 「해고 통보」가 혼돈 그 자체의 상황에서 결정론적 혼돈으로 작용하는 동시에 끌개로 역할을 하는 이중적이면서도 다층적인 내용을 보여주었다면, 「소나무」는 전형적인 끌개의 내용과 역할을 보여주고 있다. 그것은 부모와 관계된 것으로 '강성철 자신의 부모'와 관계가 있는 동시에 '부모가 된 강성철 자신'과도 관계가 있다. 한편으로는 부모를 생각하고 한편으로는 자식을 생각하면서 현재뿐만이 아니라 인생 전체의 혼돈을 헤쳐나가고 이겨나가는 동력으로 삼는 것이다.

이러한 동력은 부모만으로는 힘에 부치고 자식만으로는 가능하지 않을 수도 있다. 부모만이라는 것은 자신이 어렸을 적에 관계하고 경험하는 부모를 말하는 것일 텐데, 그때는 부모를 이해하고 수용하는 내적 자세가 갖춰져 있지 않은 시기이기 때문에 그 부모가 동력으로 작동하기보다는 오히려 동력을 멈추게 하거나 동력의 속도를 더디게 할 수도 있다. 또한 자식만이라는 것은 그 자식의 부모에게 부모가 없는 경우를 말하는 것일 터이니, 그 역시도 자식을 아끼며 위할 수 있으나 자신의 부모가 가져다주는 의미에서 참된 부모가 되어가는 심정적 배움과 깨달음이 부족할 수밖에 없을 것이다. 그러므로 동력 자체가 생성되지 않을 수도 있고, 설령 있다손 치더

라도 그 힘이 너무 미약해서 무엇 하나 제대로 움직이기 힘든 미미한 동력이라고 할 수밖에 없다.

이와 같은 의미에서 「소나무」를 보게 되면 강성철에게 부모라는 끌개는 '자신의 부모'인 동시에 '자신의 자식을 바라보는 부모'로서의 끌개 이 두 가지가 다 해당된다고 하겠다. 그래서 카오스적 인생을 살아가는 강성철에게 「소나무」의 위치와 기능과 작용은 매우 중요하고, 그것은 끊임없이 운동하는 끌개로 존재하는 동시에 강성철의 처음부터 지금까지 그리고 이후의 모든 시간까지 존재하고 있고 또 존재하게 된다. 그렇게 함으로써 카오스라는 혼돈이 그야말로 무질서의 혼란에 가까운 혼돈이 아니라, '질서의 혼돈'과 '질서로 나아가고 또 나아가게 만드는 그런 성질의 카오스적 혼돈'이었다는 사실을 알려준다.

모든 술어는 주어 안에

그것은 "모든 술어작용은 사물의 본성 안에 토대를 갖"기 때문이고 논리적으로 "모든 술어는 주어 안에 있"(들뢰즈, 『주름, 라이프니츠와 바로크』)기 때문이라는 말로 풀어갈 수 있다. 주어에서 술어가 나오고 술어는 주어에서 나온다는 충족 이유는 카오스라는 혼돈을 그 이후와의 시간적 흐름의 관계에서 본질적으로 단절이 되는 것으로 보지 않는다. 만일 그 반대의 경우로 본다면 그것은 둘 중의 하나, 즉 혼돈과 그 이후의 질서 간에 주어와 술어 간의 절대적 기능이 없는 것으로 정리할 수밖에 없다.

그러나 이미 주지한 바대로 주어에서 술어가 나오는 충족이유를 기억한다면, 카오스에서 카오스 이후가 나오면서 카오스 이후가 질서의 세계로 나아간다고 할 때, 처음에 주어 역할을 하는 카오스는 카오스 이후의 술어의 속성을 충족하게 포함하고 있다고 해야 한다. 그런 의미에서 '강성철 자신의 부모'는 강성철에게 주어였으며 강성철은 자신의 주어인 부모의 술어였다고 하겠다. 동시에 강성철 자신은 자신이 부모로서 자신의 자식들에게 주어가 되고, 자신의 자식들은 주어인 자신의 술어가 되면서 술어의 역할로 성장한다고 하겠다.

이렇게 볼 때 "천 길 낭떠러지 벼랑에/뿌리박고 사는 소나무"가 "푸르고 보기 드물다 하여/자식이 그렇게 살기를 바라는/부모가 어디 있으랴"는 수사법은 부모의 주어인 동시에 자식의 술어이다. 자식 된 자가 부모가 된 주어이며 그 자식들에게 나타나게 될 술어이기도 하다. "비바람에 젖은 소나무/연둣빛 솔잎에 맺혀 있는/빗방울이 영롱하다고/자식이 그렇게 살기를 바라는/부모가 어디 있으랴"라는 반복 수사도 역시 마찬가지다. "평지 안전한 곳에 뿌리를 내리고/해맑은 모습으로 서로 어울리며/편안하게 살기를 바라는/이 세상 모든 부모의 마음"은 오직 자식만 향하고, "심장을 주어서라도/천길 낭떠러지에서 벗어나기를/간절히 바라는 부모의 눈"은 오직 "자식만 바라보고 있"는 것이 바로 그러한 이유이다.

그래서 "직장생활이 힘들어/마음이 무거워지는 퇴근길에는" 언제나 "어머니 밥상이 더욱 그"리워진다. 명절에 고향에 가면 "시간에 쫓겨/아쉬움만 가득 남겨두고 오는" 이유도 "보고 싶은 막내아들이 왔다고/대문 밖까지 뛰어나와/따뜻하게 안아주는 어머니"(「어머니 밥상」)가 있기 때문이다.

인사국장 전화는
나를 설레게 만들어
꽃을 피울 거라는
기대감을 가득하게 했다

한 번도 가보지 못한 미지의 세계
한번쯤 근무하고 싶었던 곳

인사국장을 만나
카페에서 커피를 마셨는데
내 생각이 부서지고 말았다

상한 음식 토하듯

갈등이 쏟아지기 시작했다

어제 마신 소주까지 가세해
갈증은 분노를 타고
머리끝까지 올라
터져버릴 것만 같았다

꿈은 져도 좋다
누군가 나를 지켜보고 있다는
그 사실만으로도 충분하다

집으로 돌아가는 길에
아내에게 거는 안부 전화

아내를 설레게 하고
내 마음을 두근대게 한다

—「꿈은 져도 좋다」 전문

강성철의 주어였던 부모로부터 강성철이 드러내는 술어는 과연 무엇인가. 카오스라는 혼돈에서 강성철의 결정론적인 법칙이 지배하는 혼돈은 과연 무엇인가. 그리고 그것으로부터 작용하는 것과 그것에서 나아가는 것은 과연 무엇인가. 이러한 질문들에 대한 해답은 「꿈은 져도 좋다」에 나타난다.

어느 날 "인사국장 전화"를 받았다. 한번 만나자는 말을 들었다. 그 전화를 받고서는 설레는 마음이 가득해졌고 드디어 "꽃을 피울 거라는/기대감을" 가지게 되었다. "한번쯤 근무하고 싶었던 곳"을 동경하다 보니 그곳은 자신에게 "한 번도 가보지 못한 미지의 세계"로 존재하고 있었다. "찬란하게 빛나는 저 자리/누가 앉고 싶지 않겠"는가. "어두운 밤에도/누군들 빛나는 자리에 앉고 싶지 않겠"는가. "저기에 앉아 세상을 바라보면/얼마나 아름답겠"(「빛나는 저 자리」)는가. "A팀장이 과장으로/B과장이 국장으로/승진한다는" 소문에 "복도 통신이 전파될 때/나도 끼어 있었으면" 했었는데, 드디어 바람대로 이루어지고 있다고 생각하게 된 것이다.

그러나 약속한 시간에 "인사국장을 만나/카페에서 커피를 마셨는데" 뜻밖의 말을 듣게 되어 "생각이 부서지고 말았다". 설레고 기대했던 만큼 채워지지 않아서라기보다 이루 말할 수 없는 충격적인 이야기를 들었기 때문이었다. 안 그래도 "속이 비어 있는 여린 마음은/조금만 열을 받아도 금이 가고/서운한 말 한마디에도 무너져 내"(「여린 마음」)려 상처받기 쉬웠는데, 엎친 데 덮친 격으로 기대했던 것에 대한 반작용의 배신감까지 더해져서 "상한 음식 토하듯/갈등이 쏟아지기 시작했"던 아픔과 고통은 이루 말할 수 없었다. 전날 "마신 소주까지 가세해/갈증은 분노를 타고/머리끝까지 올라/터져버릴 것만 같"

아서 "평온했던 내 가슴에"(「저물어 간다」) 불을 지른 듯 그야말로 미칠 지경이 되어버리고 말았다. "두 번째 승진마저 누락이 되고/가슴은 한없이 무너져 내"(「여우 생존기」)린 날이었다. 지금까지 힘들고 어려울 때마다 "지친 몸을 일으켜 헉헉거리며/목표를 향해"(「마라톤」) 쉬지 않고 달려온 것이 전부 다 허사란 말인가.

새로운 끌개와 카오스모스

또다시 혼돈이 시작되는가 싶었지만, 다행히도 어머니와 어머니의 바람이라는 끌개가 작용하고 있었던 덕분이었는지 "꿈은 져도 좋다"는 생각을 편안하게 할 수 있었고, "누군가 나를 지켜보고 있다는/그 사실만으로도 충분하다"고 생각했다. 그 결과 "집으로 돌아가는 길에/아내에게 거는 안부 전화"를 통해 "아내를 설레게" 할 수 있었고, 그로 인해 자신의 "마음을 두근대게" 할 수 있었다.

"서로 만나/따뜻한 두 손 꼭 잡을 수 있다면"(「상사화」) 그것이 가장 최선의 질서요, 최대의 세계가 아닌가. 만나서 "당신은 언제나 내 곁에 있"다고 말할 수 있고 또 "내 가슴에 당신이 있기 때문"(「은행나무 사랑」)이라는 고백을 할 수 있다면, 그것이야말로 새로운 세계로 나아가게 하는 새로운 끌개가 아니고 무엇이겠는가.

그렇게 "말 한마디에 마음이 녹아내"(「사람이기에」)릴 수 있다는 것을 배우고 익혀두면서 실행하였기에, 이제는 혼돈 속에서도 스스로의 끌개를 이용해 카오스적인 혼돈에서 정연한 질서의 영역인 코스모스(cosmos)의 세계로 나아갈 수 있게 되었다.

"바람을 타는 날/뿌리도 맑아지고 유순해진다"(「들국화」)는 것을 "깨닫는 데 많은 시간이 필요했"(「하나가 되어야 하는 이유」)고, "속에 있는 것을 다 내주"(「항아리」)면서 사는 법을 터득하는 일에 오랜 시간이 걸렸어도, 그만큼 충분히 가치가 있는 카오스모스(Chaosmos)의 일이요, 사건이었다.

"조용히 사라지는 밤"(「운명」)이 온다고 해도 두렵지 않았다. 그 밤은 강성철의 새로운 세계를 펼쳐갈 또 다른 새로운 끌개가 될 것이므로.

이 도서의 국립중앙도서관 출판시도서목록(CIP)은 서지정보유통지원시스템 홈페이지(http://seoji.nl.go.kr)와 국가자료공동목록시스템(http://www.nl.go.kr/kolisnet)에서 이용하실 수 있습니다.(CIP제어번호: CIP2020052229)

문학의전당 시인선 0334

공무원

초판 1쇄 인쇄 2020년 12월 14일
초판 1쇄 발행 2020년 12월 21일
지은이 강성철
펴낸이 김석봉
디자인 헤이존
펴낸곳 문학의전당
출판등록 제448–251002012000043호
주소 충북 단양군 적성면 도곡파랑로 178
전화 043–421–1977
전자우편 sbpoem@naver.com

ISBN 979–11–5896–499–3 03810